AQUEL JARDÍN

La Fea Burguesía

POESÍA

Murcia
2025

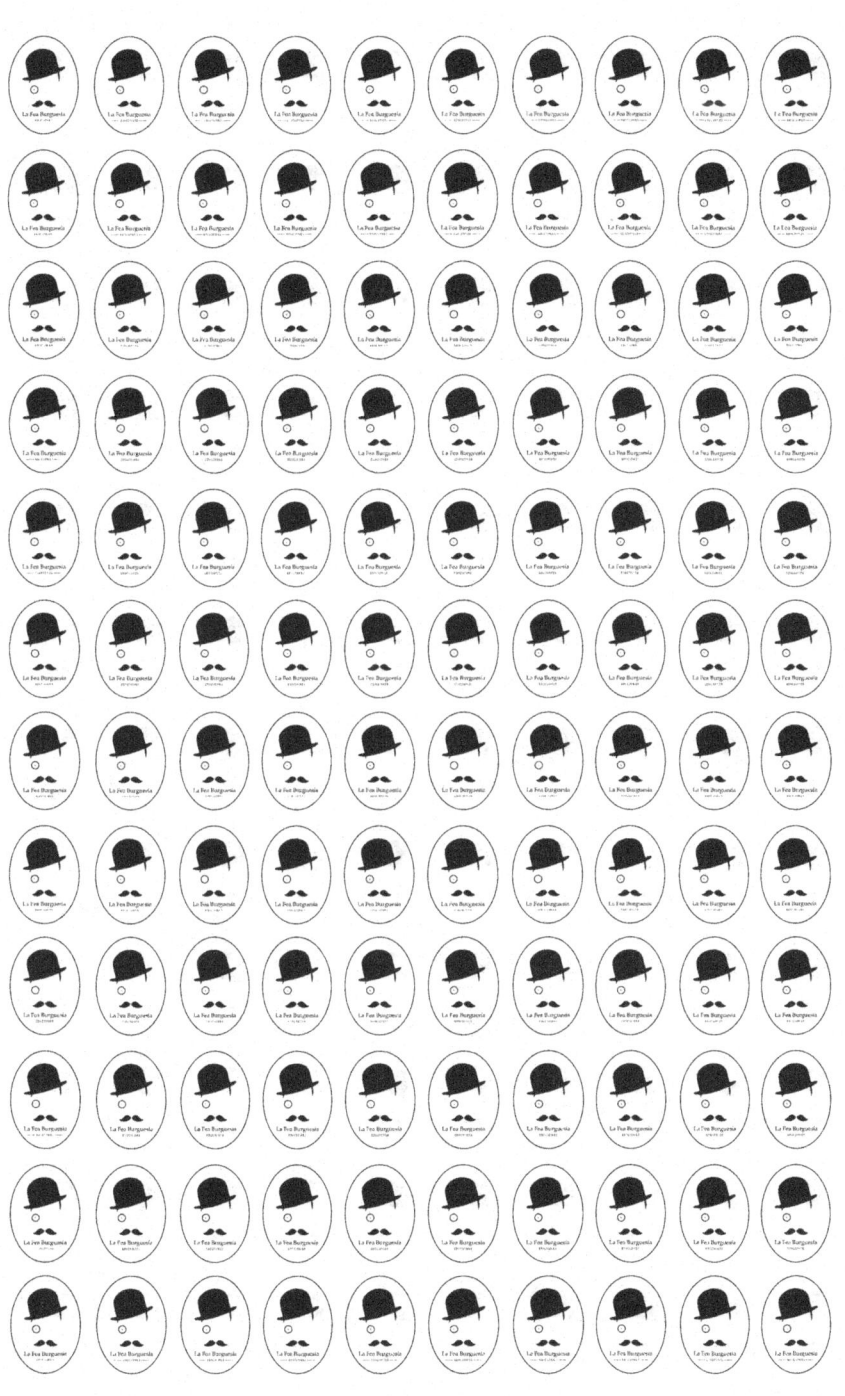

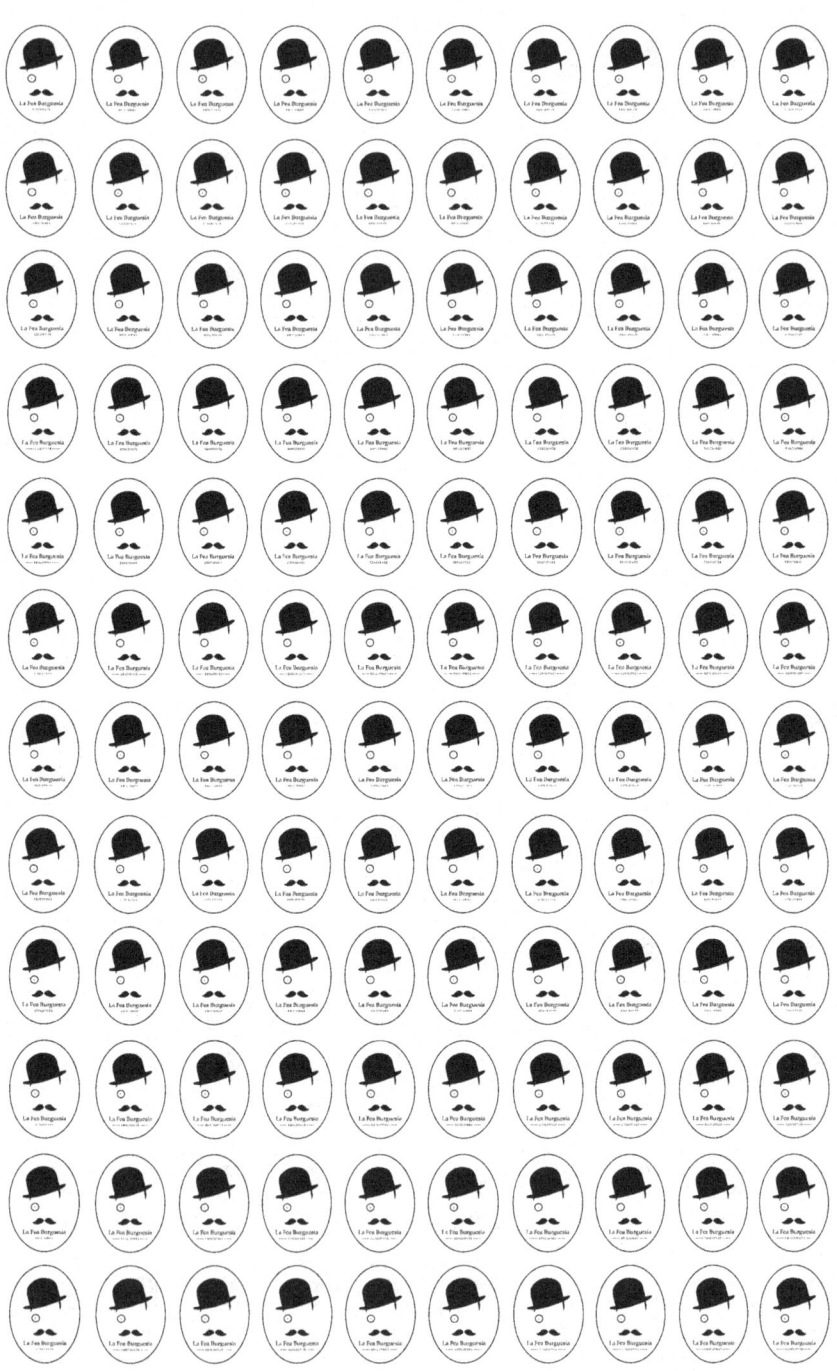

AQUEL JARDÍN

**JOSÉ LUIS
MARTÍNEZ VALERO**

La editorial es consciente de la necesidad
de los recursos naturales para consumir cultura
y de la colaboración en la conservación del medio ambiente.
Así pues, por la impresión de este libro, ha plantado
una acebuche (*Olea europaea*) en el paraje
de El Horno en Cieza (Murcia)

«Aquel jardín»
© José Luis Martínez Valero, 2025
© La Fea Burguesía Ediciones, 2025
Grupo Editorial Tres y Libros, SL
Murcia, España.
www.lafeaburguesia.es

Cubierta: Cristina Morano
Maquetación: Alfaqueque

Primera edición: diciembre de 2025
IBIC: DCF
ISBN: 979 13 990769 6 7
Depósito legal: MU 1896-2025

Printed in Spain - Impreso en España

Índice

Y el Señor Dios lo expulsó del paraíso,
para que labrase la tierra
de donde lo había sacado.

GÉNESIS

AQUEL JARDÍN

De aquel Jardín nacieron las palabras.
Así, cuando las flores se apagaban
nos quedaron los nombres,
una imagen sin sombra de la vida,
siempre pendiente del olvido.

Afuera dormitaba el tiempo
sin principio ni fin,
mientras, una ligera niebla
cubría el recuerdo y la memoria.

Fuimos expulsados de aquel paraíso
y sólo persistió el sabor amargo
de la voz, su ruido confuso.

Entonces perdimos la claridad,
los ojos que miraban a los ojos,
aquel diálogo mudo,
el silencio que sabe.

LA CERILLA

Se cuenta de Ajmátova, poeta,
de alta figura hermosa,
rostro propio de un Greco,
retratada por Modigliani
con quien pasaba horas de charla
sobre aquellos bancos del jardín de Luxemburgo.

¡Lejanos años desaparecidos
tras la Gran Guerra!
Cuando los poetas morían fusilados
en las mismas cárceles o bien mientras
respiraban el aire fresco de los barrancos,
como si hubiesen ido de excursión
en aquella trágica Granada.

Decía que, años después,
cuando en voz baja leía sus versos,
sordo susurro,
para que los micrófonos
no captasen las sílabas que caían
en aquel pozo como lágrimas.

Se cuenta que siempre tenía a mano una cerilla
con la que, tras la lectura, quemaba
sus textos tristes,
cuyas cenizas conservaban
el oscuro frío de los años.

Quemar palabras era un gesto
de libertad.
Pues mientras ardían quedaban grabadas
en la memoria para siempre.

En la calle el invierno helado
ocultaba bajo la nieve,
entre grises pisadas, las cenizas.

PALABRAS

¡Oh las palabras!,
rayan como diamantes,
cortan la piel más fina
también la piel más dura.
Todos las emplean, pero no siempre las conocen.

A menudo caen en un saco roto,
se esparcen como algas sobre la playa
y, hasta que el sol las seca,
huelen a sal, a yodo, a cieno.

Ese silencio que no se dice con palabras
significa más. Nadie lo oye.
Por eso escribo.

Me gusta su sonido,
sordo y mudo, sobre el papel.

CONSECUENCIAS

Hay quien piensa que el poema
es un juego sin riesgo alguno.

Escribe,
como el que pasea sin mirar atrás,
porque supone que nuestras palabras
son seres inocentes.

Forma versos con voces fulgurantes,
términos últimos grabados
sobre camisetas alegres
que cubren los perfectos senos,
vírgenes, de las muchachas que pasan.

Luego afirma que ha alcanzado
la dulce piel oculta
bajo el tierno algodón de su discurso.

Pero con la sintaxis no se juega,
sus secuelas suenan tan falsas
que siempre tendrá consecuencias.

ASTILLERO

Como si hubiesen mondado los huesos
de una gigantesca ballena,
como si royesen un esqueleto
sujeto por la quilla,
los carpinteros de ribera,
con golpes secos fijarán las tablas.

Los calafates, que huelen a brea,
introducen la estopa blanca,
entre las ranuras del barco
que tendrá matrícula y nombre:
Rosa, José, Dolores, Magdalena
personas que acompañaron mi infancia.

Todas las naves son huecas,
este es su secreto.

Vaciad lo que hemos sido
para que naveguemos de continuo.

NO CUMPLEN AÑOS

Las palabras no cumplen años,
son siempre jóvenes adolescentes.
Se mueven como ágiles galgos
que persiguen su presa
entre las hierbas frescas de la frase.

Las palabras desconocen el tiempo,
despiertan con la luz del nuevo día,
se posan sobre el cuaderno recién
abierto, que la noche aguarda
entre sueños y pesadillas.

Jóvenes enamorados que pasan,
y luego se esfuman entre la niebla,
como si fuesen versos de un camino
por el que nadie vuelve.

Aunque reposen en los diccionarios,
las palabras nunca cumplirán años.
Están dormidas, como esas princesas
que esperan el beso que las despierte.

PLAYA DE LEVANTE

Dejadme que descanse en vuestros nombres,
que goce de su compañía.
Me recordáis las algas que dejaba
amontonadas el invierno sobre la arena
de aquella playa de Levante.

Algunas tardes
a mi madre, los jueves, le gustaba
mirar como jugábamos
mientras ella hacia punto,
cortejada por el ruido del agua.
Nos veía hurgar entre la arena,
saltar sobre las algas secas,
casi negras, que olían a yodo.

Después mostrábamos los corchos,
flotadores de cristal verde,
trozos de redes, orejas de fraile,
conejitos, ermitaños y plomos
como un tesoro.

PAISAJE

Esta luz líquida del Sur
convierte en oscuros nuestros escasos
pensamientos, que recuerdan sonidos
cuyo origen, confuso, de otro tiempo
permanece en el fondo de la frase.

Primitiva sintaxis que contiene
extraños misterios que sólo el mar
muestra y esconde.

Aquellas piedras, que el agua continua
entresaca del fondo,
y arrastra sobre la arena en la playa,
suenan como llaves perdidas.

PESCADOR

Hay un hombre de pie sobre ese bote,
que incansable mueve los remos.
Avanza lento sobre el agua calma.

Este hombre con un cigarro en los labios
cubierto con boina, la piel tostada,
ha hecho el recorrido miles de veces.

Pronto saldrá por la bocana,
la superficie será más oscura.
Impasible alcanza el lugar
donde ha calado los palangres.

Reúne su pesca, la pone en las cajas,
coloca los aparejos en orden,
y vuelve con la misma lentitud,
la misma paz que, jamás es pereza,
sino ritmo marino.

Este hombre, pescador humilde,
descendiente orgulloso de
fenicios, griegos, cartagineses y romanos,
rema, como si cabalgase
sobre los fuertes hombros de sus antepasados.

SÁBADO DE GLORIA

Aunque pleno de luz, el recuerdo es borroso,
imprecisas oigo las voces de las muchachas,
descubro senos saltarines
bajo ligeros camisones blancos.
Ríen, mientras inocente, miro sus cuerpos jóvenes.

Todas ríen, tímidas; ríen sorprendidas
por mi presencia. Les parece un juego.
Me ven como si fuese un hombre,
pero soy un niño y sonrío con ellas. Lo saben.

Alegres parecen saltar, quieren competir
con las luces que entran por la terraza.
sus pies desnudos inician un baile,
sobre las tablas limpias del altillo
y mientras suenan las sonrisas
oímos la voz de su tía que les pide que bajen.

En muy pocos años no sentirán ya sus pechos.
Cuando vuelva seré ya otro muchacho
y con sus manos ágiles
buscarán en las maderas del suelo
las ropas que cubren sus carnes blancas.

Entre tanto, por fin, he adivinado
aquellos días marinos de mi infancia:
Todos estuvimos bañados por una luz,
que purificaba, como un sábado de Gloria.

A VECES

A veces me despierto
mientras una luz gris se cuela
entre las maderas de aquel balcón.

Oigo la respiración tranquila de mi hermano
en la cama de al lado.

A mis pies, la casa, descansa
como un gato dormido.

PLÁSTICOS

No habéis visto esas sábanas extensas
a un lado y otro del camino,
como playas estáticas,
donde el agua no moja
a quienes parece que se bañasen
sobre plásticos tan blancos que queman
la escasa brisa que llega del mar.

Límite exacto de esta tierra pobre,
que antes fue campo de secano,
cuyo producto en piedras y pizarras
fue siempre superior
al murmullo del levante sobre las espigas.

Hoy esta blancura impoluta
recuerda playas casi desiertas
bajo un sol que alumbra, blanco sobre blanco,
como aquel cuadro que soñara Malévich
en los verdes campos de su infancia.

Por fin triunfó la geometría
sobre la superficie irregular
de cerros y ramblas siempre en barbecho
donde miles de mineros buceaban
en busca del plomo y la plata de sus sueños.

Esos mismos hombres hoy,
llegados de América y de África,
cultivan en el aire
abstractos frutos exóticos,
cuyo verde también se oculta.

En este mismo paisaje, años treinta,
mi madre descansaba,
tras el paseo, sobre una piedra gris,
bajo la sombra de esta vieja higuera,
cuyo fruto picoteaban los pájaros.

Pronto cumpliría sus veintidós años,
tenía los ojos azules y la piel muy blanca.

LOS AHOGADOS

Llegaban del Sur,
caían como palomas sobre el agua
y quedaban dormidos.

Tras atravesar bosques,
desiertos, violaciones y desprecios,
sed y hambre
hasta dar con la costa:
sol, azul inmenso, verde y la luz.

Les acoge la playa,
los plácidos planos con que constante
el agua cubre sus arenas;
conmueve las algas del fondo
y golpea las escasas rocas.

En racimos todos sonríen,
saben que al otro lado está la abundancia.
Se colocan sobre la borda del barco,
se marean, se hunden, sobrevuelan
la profundidad de los mares,
mientras caen como palomas cansadas.

LA TIERRA DEL VIENTO

Imposible poner puertas al viento
querer cerrar el paso
a los hombres, a las mujeres
y a todos los niños de ese mundo,
donde la hierba ya no crece.

Entre tanto, desesperadamente
golpean, arañan y rasgan las vallas,
quisieran ser como las nubes,
como las estrellas del cielo.

Ellos desearían volver por sus pasos,
dejar que el viento los arrastre
como una cometa perdida,
regresar a la casa de los abuelos,
pero el hambre les impulsa a seguir,
y encuentran siempre la puerta cerrada,
ese aire enrarecido de frontera,
lenguas que desconocen.

No cabéis en esta casa, les dicen,
seguid vuestro camino…
Entonces se arrojan al mar
y el agua los acoge.
Esta será su tierra prometida,
como una lágrima inmensa los cubre,
descansan entre las algas profundas.

COMO PÁJAROS
(EPÍLOGO)

Como pájaros sobre el mar
van cayendo a racimos,
sin tierra, sin árboles, sólo sed,
como niños que lo han perdido todo.

¿Con sus alas mojadas
adónde llegarán?

DISTOPÍA

¿Y si el viaje fuese de vuelta?
Si partiésemos desde esta arruinada
y vieja Europa,
hacia las secas tierras africanas.
Con qué sed atravesaríamos su arena.
bajo un sol inclemente.

Puede que al borde del camino
reposásemos bajo la sombra de una acacia
para, agotados, aguardar
ya sabéis qué.

También sería probable
que aquellas tierras polvorientas,
cuarteadas por una sequedad casi infinita
de repente, se hubiesen transformado
en valles fértiles, con aguas frescas.

Quizá este viaje de vuelta al Sur
fuese en una de aquellas pateras arruinadas,
que aún permanecen expuestas al sol,
semienterradas en la arena de nuestras playas.

Y con ellas arribáramos a campos
donde, efecto de los cambios climáticos,
ahora llueve, llueve continuo.

Por fin, algunos europeos han alcanzado estas
costas, cuya abundancia les recuerda el paraíso.
Por fin, podrán calmar la sed, aplacar el hambre.

El sol de nuevo inunda con su luz
unas tierras que fueron yermas.
Hoy son hermosos prados. Ved
ved esas vacas que pastan tranquilas,
mientras los niños, que regresan de las escuelas,
entonan alegres canciones.

Las noticias de Europa
cada vez son más alarmantes,
miles de hombres y mujeres hambrientos
peregrinan hacia el Sur desesperadamente.

BANCO DE JARDÍN

Quizá en algún rincón de esta ciudad,
sobre un banco de sus jardines
se esté escribiendo el poema
más hermoso de Europa en este día.

La luz es favorable,
el aire fresco,
los ruidos de la ciudad muy lejanos.

LUZ

Si el poema llega,
será una gracia de los dioses.
Si el poema desapareciese,
continuad esperando.

A veces nos persigue
como una sombra,
otras, su verso, es sólo
esta luz del sureste.

¿Cómo queréis recordarlo?

No tiene nombre,
es sólo una claridad deslumbrante
que alguna vez vivimos.
Y ciega a quien escribe.

LAS ÁNIMAS

Cuando te fuiste,
quedó la puerta entreabierta,
sólo veía el lado oscuro y vacío,
ese espacio donde todo está quieto.

Recordaba aquella mariposa que encendías
el día de las ánimas.

Supongo que algo debiste contarnos
porque esa pequeña luz que temblaba,
supe que era el mismo eco
que contenía la voz de los antepasados.

He olvidado cuando se apagaba,
sin embargo, recuerdo cómo
lentamente se consumía.

Aún perduraban en nuestra memoria,
mientras las almas volvían al olvido
y su presencia se desvanecía.

LA PALMERA Y SU SOMBRA

Mientras llega la noche
la sombra de la palmera en el agua
se hunde para dormir
con los peces del río.

MORERA

Estos días de luz penetrante
aparecen las hojas nuevas
verdes de las moreras.
Sobre los troncos viejos y ásperos,
secos sarmientos, sus pámpanos surgen
entre los nudos que semejan gárgolas,
como una fuente de agua clara,
que naciese entre las arenas
de la antigua primavera del mundo.

EL MÓVIL

Tras colocar su alma en la estantería,
junto al móvil y los cuadernos,
conectó su programa favorito
y estuvo toda la tarde tendido
sobre aquellas montañas tan lejanas
que cruzaban nubes viajeras.

SI COLOCAMOS

Si colocamos un espejo frente
a otro, quizá advirtamos
que nunca vemos la raíz de las cosas.

Hemos multiplicado
esa misma pregunta tantas veces
como espejos hayamos puesto
en el pasillo oscuro del camino.

No obstante, muchos se darán
por satisfechos
como si hubiesen encontrado
la respuesta que nadie formuló.

La sombra del muro se alarga
en esta tarde, cuando el sol se oculta
tras los montes que circundan mi mundo.

GEOMETRÍA INTERIOR

Puede que no salgamos nunca
de la primera casa
unida a nuestra infancia.

Me cuesta poner mi cuerpo en
otro lugar desconocido,
sobre una geometría
continuamente improvisada.
Añoro ese mapa interior
donde encuentro aquel espacio seguro.

A veces, podría ser que esta ruptura
rasgue la armonía de la vida.
El mundo que habitamos se convierte
en ese cuarto oscuro
donde nunca hallamos recuerdo alguno.

Es necesario buscar aquellas habitaciones
recuperar la luz del balcón y su aire fresco
bajo la persiana, que mueve
la ligera brisa de aquellas siestas,
mientras la calle sin nadie descansa.

TIEMPO

Y si el tiempo no existiese, tal como
lo hemos concebido: minutos,
horas y segundos marcados
por la prisa y sus consecuencias.

Si acaso existiese siendo un reclamo,
para ser perseguido como liebre
por elásticos galgos,
que sólo corren en nuestra cabeza.

Si fuese el aire fresco entre los pinos,
la quieta superficie de la balsa,
esa gota de lluvia que resbala
sobre el cristal del balcón de mi infancia.

No obstante, el tiempo sigue ahí,
como un juguete roto que recuerda
otros pasos, otra luz y su sombra.

AUSENCIA

Están tranquilos
junto a nosotros,
como si nos guardasen.

Aunque ya ajenos,
forman parte de estos espacios.

A veces parece que nos rozan,
sin embargo, sólo es su ausencia,
el hueco que habitaron.

Son transparentes,
como eran las aguas tranquilas,
que dejaban ver la arena del fondo,
cuando nos asomábamos
al pequeño balcón
de aquella cueva amarilla, tan fresca
que semejaba un palacio encantado.

PROFECÍA DE ANTONIO LÓPEZ

¿Quién nos iba a decir
que, Antonio López, conocía
la necesidad de vaciar la Gran Vía de España?

¿Adónde propuso que llegaríamos,
cuando nos presentó en sus cuadros este futuro
que muchos pensaron sería imposible?

Todo Madrid
era aquella inmensa calle convertida en playa,
cuyas aceras sin pasos, sin prisa,
no indicaban camino alguno.
Como si hubiese conseguido cristalizar
los gritos populares
de aquel París liberado del sesenta y ocho.

Esta ciudad a punto de desaparecer,
sin gente, como un cuadro de Chirico,
entre metafísica y surrealista,
transformaba en fantasma su realismo,
no mágico.

Mientras dormía era…
Aquella soledad de Hopper tras la ventana,

Era ese Madrid pesadilla
y sueño, pasado y futuro,
leyenda que figurará sobre el frontispicio
de la mentira azul de nuestro cielo.

LLUVIA

Los días de lluvia son más lentos,
parece que se alargan
como si cayesen minutos,
hechos gotas y que fuese un regalo.

El tiempo nos ofrece esas horas
que no cuentan y que no pasan,
como si todo estuviese parado
sin que sepamos bien por qué.

COSAS

A menudo las cosas nos esquivan,
nuestros dedos no las apresan,
escapan de nuestra aburrida monotonía.

Ocurre que algunas palabras,
cuyo contenido se aleja
de la coherencia del contexto,
se pierden sin sentido.

Las cosas y sus nombres
se alían como cuerpos extraños,
se convierten en pájaros sin rumbo
y chocan con los faros,
que orientan en la noche a los viajeros.

PREGUNTA

A veces la pregunta se parece
a la luz que refleja un estanque,
mientras arriba el cielo
inmensamente azul,
traza sombras sobre la valla.

AZUL

Tras días azules,
de luz tan blanca
como la sal y el hielo,
hoy los cielos se cubren
con nubes de retablo,
redondas, sagradas, muy lentas,
cargadas de golosos querubines,
cuyas rubias cabezas
se asoman desde un bizcocho barroco.

VERANO

Me gusta ver
ese trozo de tronco
que se curva ligeramente,
columna de los tiempos
y su memoria,
para ascender junto a la valla,
plácida sombra de la vida.

OCUPADOS

Permanecemos demasiado tiempo
ocupados, como si la vida
sólo fuese un trabajo que hemos
de resolver con toda urgencia.

Hay quien en sus últimos años
mantiene la ilusión de haber cumplido.

Todo está acabado desde el comienzo
y sólo repetimos,
con paciencia escolar,
la misma plana de caligrafía.

BRASAS

Cómo revelar el fin de la tarde
de este deslumbrante verano,
que ciega a quienes pasean
al borde de una noche
que nunca empieza.

El sol incendia el otro lado
de la calle, convertida en la boca
de un horno que crepita,
entre nubes como leños ardientes
de maderas de olivo
con brasas de color naranja
que circunda un resplandor blanco
y cubren, inmensas, todo el poniente,
víctima de un rojo, espléndido ocaso.

SIMULACIÓN

A veces la simulación
convierte en secreto
asuntos cotidianos,
nos lleva a un mundo sospechoso.

Te sientes desplazado,
como la piedra que marcó un camino
y hoy permanece en medio de la nada.

LIBROS

¿Habéis visto esos libros que la marea
deja sobre las plazas
y se venden como fruta madura?

En otro tiempo fueron la espuma
de la vida, la palabra certera,
descubrimiento de otro mundo.

Alguien ha desgarrado la primera
página donde el autor puso
sus mejores deseos
para un lector con firma y fecha.

Años han pasado sobre estos versos,
que ahora se inclinarán bajo otras frentes.

De nuevo el libro altera el pulso
de la mano que firme
lo estrecha, lo abre.
Sus ojos contemplan las mismas líneas,
recobran la frescura,
vuelve la luz a iluminar la escena.

PÁGINA

La luz desnuda,
sobre las copas de los árboles,
muestra entera su espléndida belleza.

A veces
entre las blancas páginas
se siente el aliento de la palabra.

Por un momento, cesa la lectura
y el libro queda abierto,
mientras agita sus hojas el aire.

El lector, distraído, contempla
el sol sobre el cristal de la ventana.

En un instante, el perro, que dormía,
abre sus ojos y, lento, los cierra de nuevo.

AÑOS DE LUZ

Vuelvo a aquellos años de luz
donde todo era abstracto,
como un bosque visto desde la altura.
El tiempo transcurría lento y eterno.

Eran palabras huecas
que sonaban como extrañas arengas.
Voces de unos años de silencio
tan largo, tan mudo, tan sordo,
que no dejaron rastro alguno.

Con un miedo que calaba sus huesos
repetían canciones de gloria,
triunfos dormidos
sobre oscuros y cansinos laureles,
como esa ola que, infatigable,
vuelve sobre el acantilado.

Tal era aquella misma luz
oculta entre las sombras,
a punto de ser siempre abandonada.

FUTURO

Así como a la vuelta del paseo
la luz de la tarde ilumina
el camino, cuando regresas,
el futuro te aguarda en el pasado.

SOLOS

Hoy estamos más solos,
como antes de las primeras palabras,
cuando todo era silencio en aquel
oscuro mar
en el que fuimos peces sin memoria.

PELÍCULAS

Qué hago yo vagando por estas calles,
cuyos altos edificios, cuyas gentes
me recuerdan todo un mundo
que ha sido siempre el escenario
expuesto en la pantalla
de cualquier cine de barrio.

Donde la velocidad
de aquellos automóviles
era un sueño sobre una pesadilla
y los besos de las rubias serían
más intensos que sus muslos desnudos.

Oigo silbar las balas mientras caen
cuerpos sobre las aceras mojadas.

Aquel mar siempre tan lejano
hace cabecear los barcos del puerto,
y la bruma en blanco y negro oscurece
las viejas calles de mi infancia.

LECTURA

La lectura se parece al recuerdo.
Tus palabras recobran
ese lugar donde estuvo la casa
y, tras girar la llave se abre
la puerta.

Entonces penetra la luz y el aire,
se retiran aquellas viejas sombras,
que oscurecían las páginas.

Después, si te acercas a la ventana,
oirás el trino de los pájaros.
Reposa el mar al fondo.

EL PERRO

El perro bajo el sol cierra los ojos,
se siente parte del planeta.
No sueña,
confundido con la realidad
blanca de la mañana
podría ser piedra,
mata en el monte:
esparto, tomillo, romero.

Tendido, apenas abre los ojos
y su discurso
hecho de luz, de aire, de silencio
se hace uno
con el murmullo sereno del monte.

Entonces ladra
para que lo veamos como perro,
naturaleza en plenitud,
misterio de la palabra.

EL SOL ALUMBRA EL SUELO

Las delgadas ramas se pueblan
del tierno verde de las hojas.

El sol alumbra el suelo
que parece palpita
bajo los pies
de quienes caminan deprisa,
de quienes caminan despacio.

Mientras tanto, el color nuevo se extiende
sobre la sombra
que pronto cubrirá nuestras cabezas.

Como todas las primaveras,
la vida lenta vuelve
con la luz nueva de estas hojas verdes.

LEVANTE

El aire de levante
es un regalo de los dioses,
su luz sobre el agua la hace más clara,
más azul el vuelo de las gaviotas
pendientes de las nubes.
Es la onda de agua que borra las huellas
de mis pies desnudos sobre la arena.

MIEDO DEL NIÑO

Dónde pusisteis el miedo, el castigo
de volver en septiembre
sólo por unas décimas.

Perplejos, confusos,
no distraídos, mirabais
a través del cristal de la ventana
mientras un sol de mediodía
os consolaba.

Aquella sumisión era ley
de una vida que simulaba
castigos,
distribuía premios.

Puso una luz oscura
a nuestra infancia,
mientras correteábamos
por los límites del pueblo
sin sombra de árbol alguno.

SOLEDAD

Como voluta de humo
asciendes y desapareces
invisible, desconocido,
entre la luz de este paisaje,
tan azul, tan limpio, sin nubes.

Eres rama tranquila
que, quieta, aguarda el aire.
Flor sumergida,
piedra blanca de playa.

Lugar oculto donde nadie pisa
y se posan los pájaros
sin que quede huella alguna.

EN MARTE

¿No habéis visto ese polvo amarillento
que la última sonda levantó en Marte?

Es tan fino, tan antiguo, tan frío
que parece un residuo de la luz
que habitó aquel planeta.

LA VENTANA

En esta habitación duermen los sueños
de antepasados campesinos,
cuyas camisas blancas, ropas pardas,
el sol dora sobre unos muros
que también fueron blancos.

Desde la ventana contemplo el campo
junto al olivo,
junto a la higuera.
El pinar y la viña sobre la loma,
entre las piedras,
entre los cielos
y la brisa que estremece la espiga
de aquellos trigos
maduros que se inclinan,
como rubias cabezas
de muchachas dormidas.

JACARANDA

Su tronco y las ramas oscuras
sostienen pequeños trazos morados,
como si de una acuarela se tratase.

Apenas lluvia, caen sus tiernas flores,
leves gotas dormidas.

Sobre la acera, bajo nuestros pasos
aplastamos sombras violetas,
que serán manchas,
que fueron flores.

CAMPANAS DE SAN FRANCISCO

A Juani y Pepe

Estoy oyendo las campanas de San Francisco,
repican, suenan, suenan.
Muy lejos en el recuerdo retumban,
suenan dentro de mi cabeza.
Son las mismas campanas que derraman
campanadas sobre la Corredera,
sobre la fuente del Negrito.
vibran y vuelven a sonar.
Redoblan en los cántaros
en las esquinas de la plaza suenan.
Mientras el agua se derrama
y forma charcos en aquella tierra,
donde fuimos aprendices de poetas
y enamorados, más que adolescentes.

MIENTRAS BLECHER FUMA

A Joaquín Garrigós, amigo, su traductor

Desde los charcos de la última lluvia
se evaporan sus restos sobre el barro.

Entre tanto, en lo más alto de estas palmeras
trina un pájaro solitario
y se pone blanco de azahar
aquel olor de los naranjos verdes.

Como ahogados que fuman
se reflejan los barcos de Max Blecher
en las aguas serenas del Segura.

TARDE

Cuando llega el fin de la tarde
y el ocaso enciende su vela,
en los montes del fondo se recogen las sombras.

Los árboles, las flores y las nubes,
apagada la luz, se tienden
sobre sí mismos y descansan.

No tienen pesadillas,
sueñan con los ojos abiertos.

DILEMA

Vivo un dilema:
—¿Pactaré con el lobo o con el zorro?,
dijo la oveja.

EL PROFETA

Nunca la playa fue más melancólica
que aquella tarde de septiembre,
quizá porque aún permanecían las sombras
de miles de nadadores dispersos.

Al fondo la isla Grosa.
Las torres de La Manga parecían vacías,
apenas ya sin luces.

Una ola muy lenta arrullaba
el plano inclinado de arena.
Las escasas familias
recogían sus trastos dispersos,
mientras los niños
se resistían a aquella retirada.

En la semioscuridad, testigo de aquella hora,
un hombre, como un poste,
desde el silencio profundo del agua tranquila
era el profeta que anunciaba el fin del verano.

La Fea Burguesía
— EDICIONES —

Este libro, *Aquel jardín,*
se acabó de imprimir en diciembre de 2025

COLECCIÓN POESÍA

1. *Composición de lugar.* Luis Bagué Quílez
2. *Última bala.* Christian Nieto Tavira
3. *Dolores-Manhattan.* Ana Vidal Egea
4. *Puerto de sombra.* José Luis Martínez Valero
5. *Memorias del fantasma.* Miguel Ángel Ortega Lucas
6. *Vuelvo a encontrar mi azul.* Mª Teresa Cervantes
7. *Debe ser el tiempo que hace hoy.* Pedro Guerrero Ruiz
8. *Muro de carga.* Ángel Almela Valchs
9. *12 meses.* Carmen Martínez Marín
10. *El sueño del escondite.* Emilio Soler Poveda
11. *El resto es propaganda.* Pepe Belló Ruiz
12. *Una vieja chistera sin gracia ninguna.* Antonio Marín Albalate
13. *Un hombre solo.* Pascual García García
14. *Murcia a vista de haiku.* Varios autores
15. *XL.* Natxo Vidal Guardiola
16. *El que quiso bailar y nunca pudo.* José Ángel Castillo Vicente
17. *Latido.* Pascual López Sánchez
18. *El arca de los días.* Antonia Álvarez Álvarez
19. *Herencia.* Salvador Gómez Valdés
20. *La huerta en haikus.* Varios autores
21. *Logos.* Isabel Aranda
22. *Los quijeros del olvido.* Francisco López Vidal
23. *Tú también sabrás perdonarme.* Antonio Soto Alcón
24. *La respuesta del viento.* Lucrecia López Guirao
25. *106 Palabras.* Natxo Vidal Guardiola
26. *Paulina.* José Belmonte Serrano
27. *La terraza azul.* Carmen Martínez Marín
28. *La última noche de Silvia Plath.* María Martínez Azorín
29. *Palestina en el corazón.* Pascual López Sánchez
30. *Haikus al Mar Menor.* Varios autores

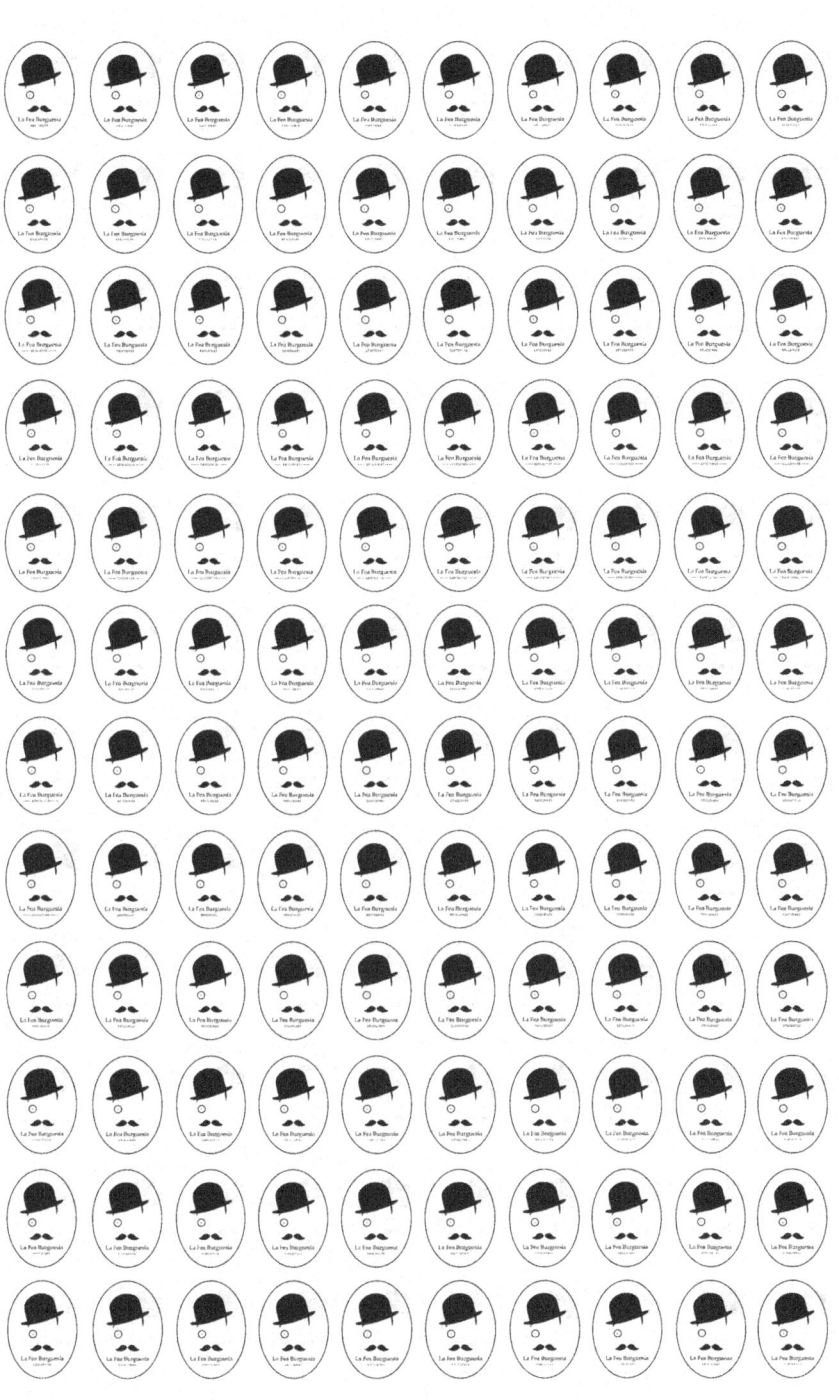

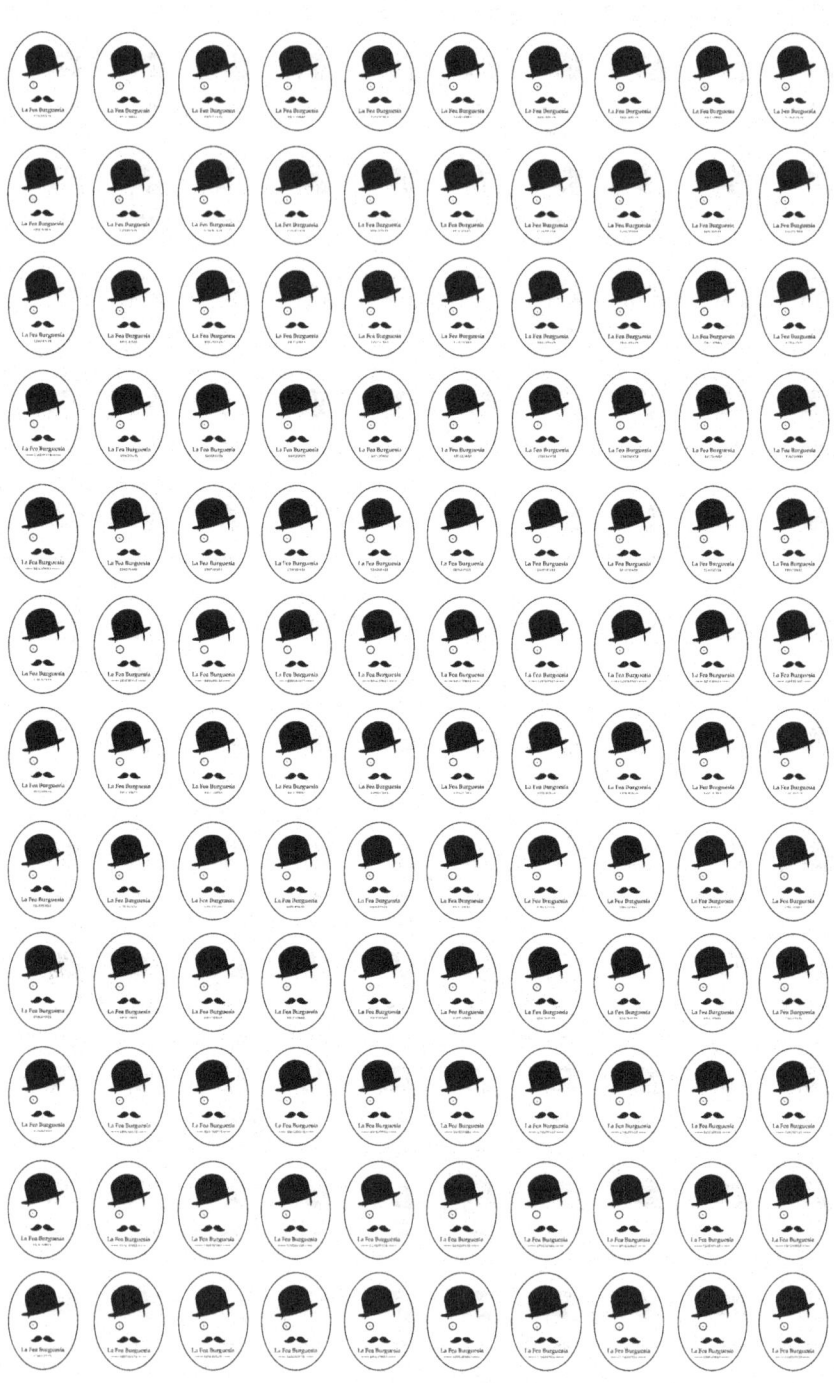